Impressum
Verlag: BABADADA GmbH, Nedderfeld 112 , 22529 Hamburg
Geschäftsführer / Verlagsleitung: Harald Hof
Druck: Books on Demand GmbH, In de Tarpen 42, 22848 Norderstedt

Imprint
Publisher: BABADADA GmbH, Nedderfeld 112 , 22529 Hamburg, Germany
Managing Director / Publishing direction: Harald Hof
Print: Books on Demand GmbH, In de Tarpen 42, 22848 Norderstedt

l'école

اسکول

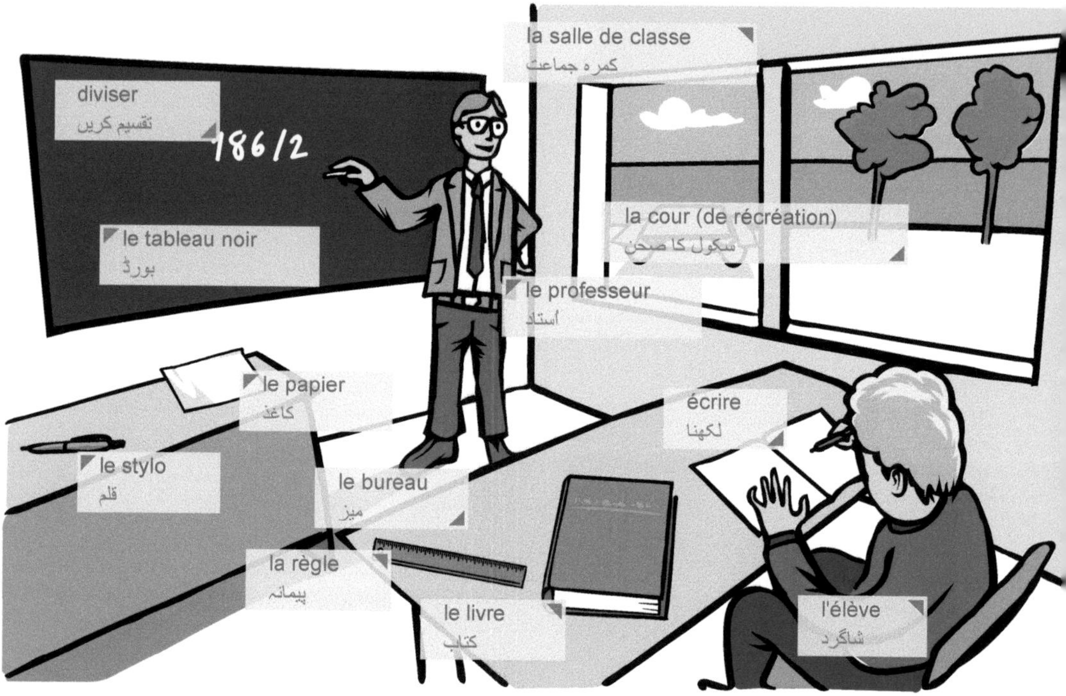

la salle de classe
کمرہ جماعت
diviser
تقسیم کریں
186/2
le tableau noir
بورڈ
la cour (de récréation)
سکول کا صحن
le professeur
اُستاد
le papier
کاغذ
écrire
لکھنا
le stylo
قلم
le bureau
میز
la règle
پیمانہ
le livre
کتاب
l'élève
شاگرد

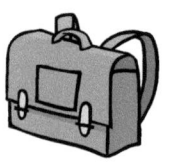

le cartable

بستہ

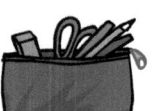

la trousse

پینسل کیس

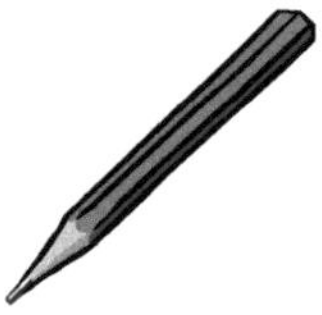

le crayon

پینسل

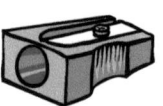

le taille-crayon

پینسل شارپنر

la gomme

ربڑ

le carnet à dessin

ڈرائنگ پیڈ

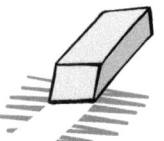

le dessin

ڈراننگ

le pinceau

پینٹ برش

la boîte de peinture

پینٹ باکس

les ciseaux

قینچی

la colle

گوند

le cahier d'exercices

مشق کی کاپی

les devoirs

ہوم ورک

le chiffre

ہندسہ

additionner

جمع کریں

soustraire

منفی کریں

multiplier

ضرب دیں

calculer

شمارکریں

la lettre

خط

l'alphabet

حروف تہجی

le mot

لفظ

l'école - اسکول

3

le texte

متن

lire

پڑھنا

la craie

چاک

la leçon

سبق

le livre de classe

اندراج

l'examen

امتحان

le certificat

سند

l'uniforme scolaire

سکول یونیفارم

la formation

تعلیم

le lexique

انسائیکلوپیڈیا

l'université

یونیورسٹی

le microscope

خورد بین

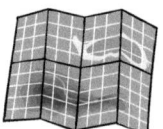

la carte

نقشہ

la corbeille à papier

ویسٹ پیپرباسکٹ

le voyage
سفر

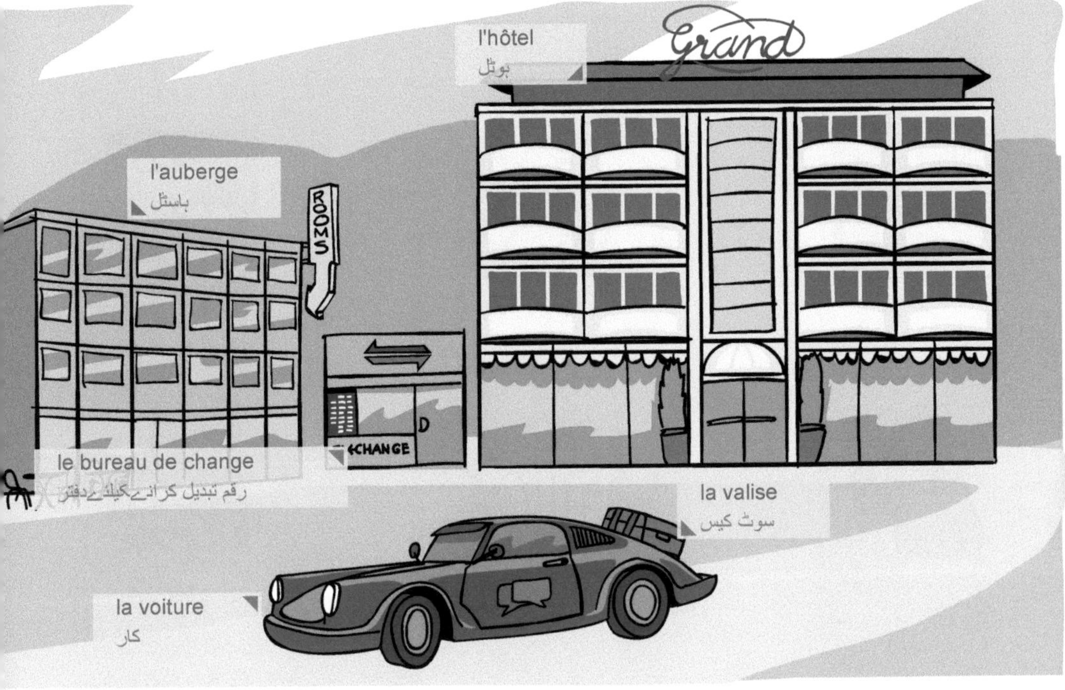
l'hôtel
بوٹل
Grand
l'auberge
ہاسٹل
ROOMS
CHANGE
le bureau de change
رقم تبدیل کرانے کیلئے دفتر
la valise
سوٹ کیس
la voiture
کار

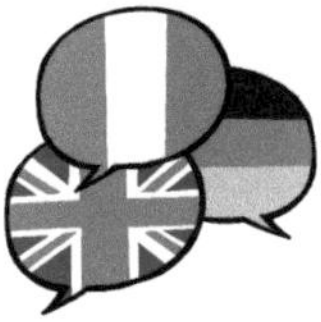

la langue
زبان

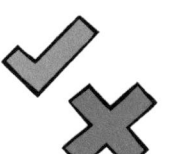

oui / non
ہاں / نہیں

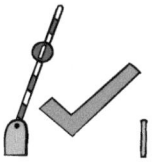

d'accord
ٹھیک ہے

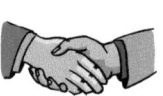

Salut
ہیلو

l'interprète
مُترجم

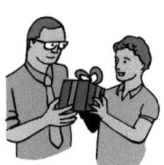

merci
شُکریہ

Combien coûte…?

؟ے ہ قیمت کیا کی ---

Je ne comprends pas

سمجھتا نہیں میں

le problème

مشکل

Bonsoir !

!بخیر شام

Bonjour !

!بخیر صبح

Bonne nuit !

!بخیر شب

Au revoir

الوداع

la direction

سمت

les bagages

سامان سفری

le sac

بیگ

le sac-à-dos

پیک بیگ

l'hôte

مہمان

la pièce

کمرہ

le sac de couchage

بیگ سلیپنگ

la tente

ٹینٹ

l'office de tourisme

سیاحوں کے لئے معلومات

la plage

ساحل

la carte de crédit

کریڈٹ کارڈ

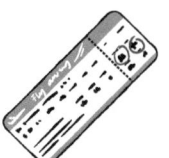

le petit-déjeuner

ناشتہ

le déjeuner

لنچ

le dîner

ڈنر

le billet

ٹکٹ

l'ascenseur

لفٹ

le timbre

مُہر

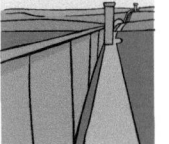

la frontière

سرحد

la douane

کسٹمز

l'ambassade

سفارت خانہ

le visa

ویزا

le passeport

پاسپورٹ

---

le voyage - سفر

le transport

نقل وحمل

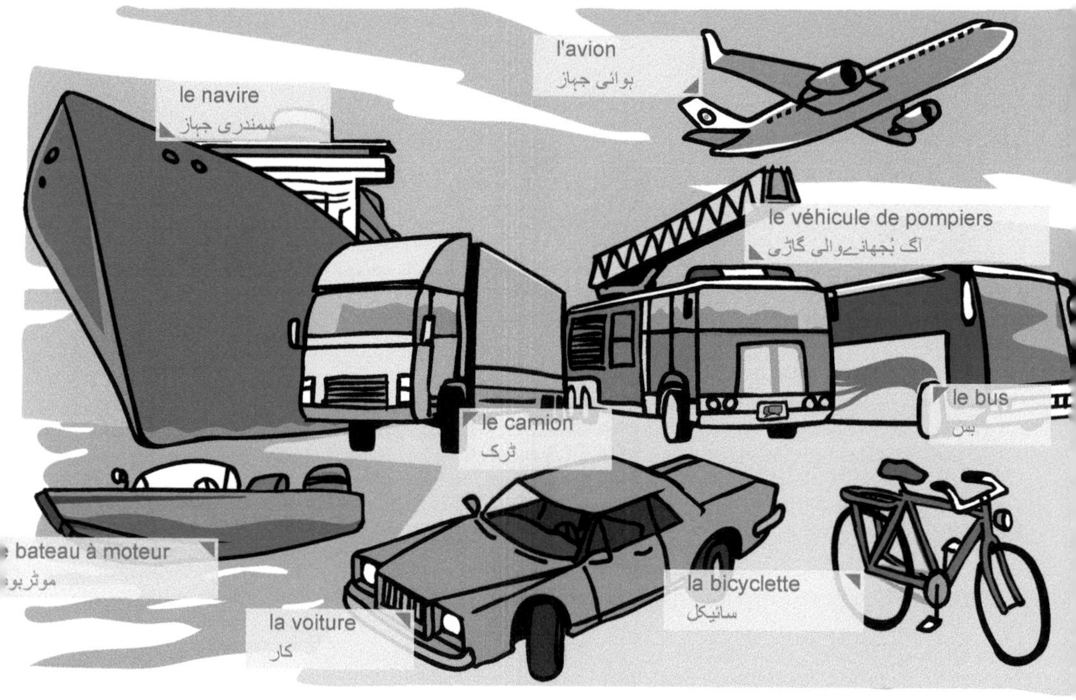
l'avion
ہوائی جہاز
le navire
سمندری جہاز
le véhicule de pompiers
آگ بُجھانے والی گاڑی
le bus
بس
le camion
ٹرک
bateau à moteur
موٹربو
la bicyclette
سائیکل
la voiture
کار

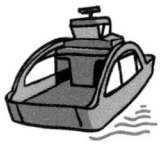

le ferry

فیری

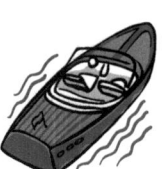

la barque

کشتی

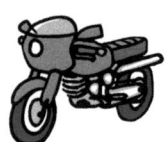

la moto

موٹرسائیکل

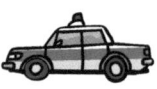

la voiture de police

پولیس کار

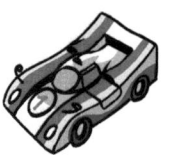

la voiture de course

ریسنگ کار

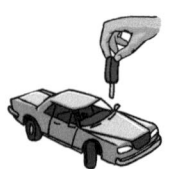

la voiture de location

کرایہ پرکار

l'auto-partage

کار کا اشتراک کرنا

la voiture de remorquage

کھینچنے والا ٹرک

la benne à ordures

کوڑے والا ٹرک

le moteur

کار

l'essence

ایندھن

la station d'essence

پٹرول اسٹیشن

le panneau indicateur

ٹریفک کے نشانات

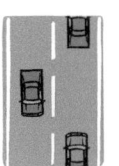

le trafic

ٹریفک

l'embouteillage

ٹریفک جام

le parking

کار پارک

la gare

ٹرین اسٹیشن

les rails

پٹڑیاں

le train

ٹرین

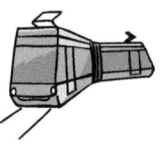

le tramway

ٹرام

le wagon

ویگن

l'hélicoptère

ہیلی کاپٹر

l'aéroport

ائرپورٹ

la tour

ٹاور

le passager

مسافر

le conteneur

کنٹینر

le carton

ڈبہ

le chariot

ریڑھا

la corbeille

ٹوکری

décoller / atterrir

اڑان بھرنا / زمین پر اُترنا

la ville

شہر

le village

گاؤں

le centre-ville

سٹی سنٹر

la maison

مکان

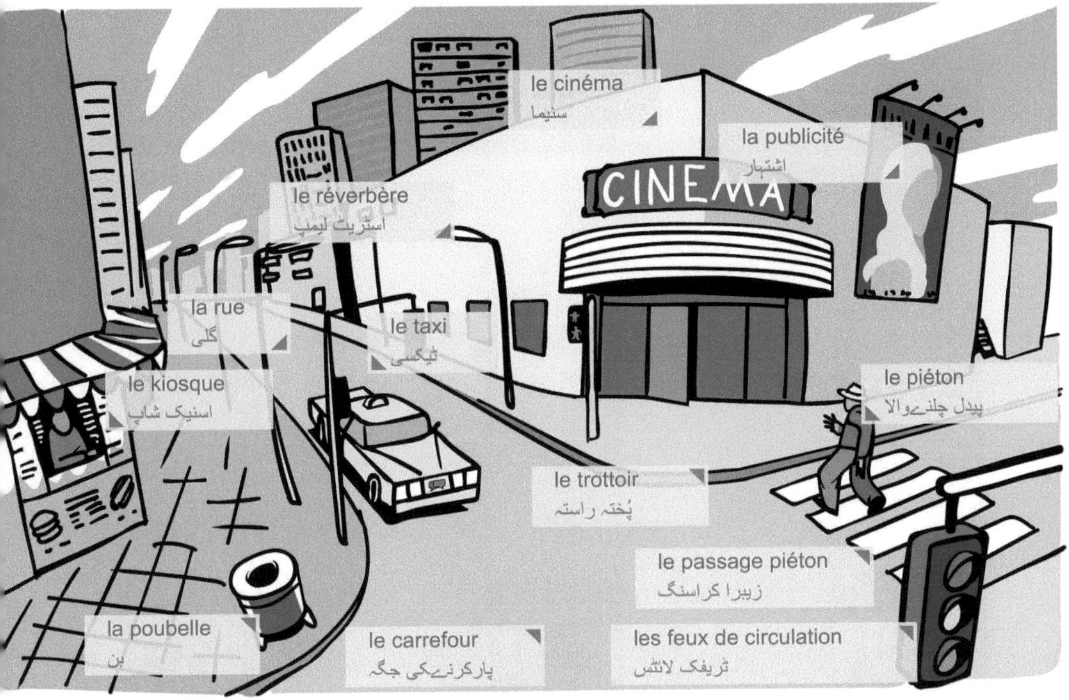

le cinéma
سنیما

la publicité
اشتہار

le réverbère
اسٹریٹ لیمپ

CINEMA

la rue
گلی

le taxi
ٹیکسی

le piéton
پیدل چلنے والا

le kiosque
اسنیک شاپ

le trottoir
پُختہ راستہ

le passage piéton
زیبرا کراسنگ

la poubelle
بن

le carrefour
پارکرنے کی جگہ

les feux de circulation
ٹریفک لائٹس

la cabane
....
ہٹ

l'appartement
....
فلیٹ

la gare
....
ٹرین اسٹیشن

la mairie
....
ٹاؤن ہال

le musée
....
عجائب گھر

l'école
....
اسکول

l'université

یونیورسٹی

la banque

بینک

l'hôpital

ہسپتال

l'hôtel

ہوٹل

la pharmacie

فارمیسی

le bureau

دفتر

la librairie

کتابوں کی دکان

le magasin

دکان

le fleuriste

پھولوں کی ڈکان

le supermarché

سُپرمارکیٹ

le marché

مارکیٹ

le grand magasin

ڈیپارٹمنٹ سٹور

la poissonnerie

مچھلی کی ڈکان

le centre commercial

شاپنگ سنٹر

le port

بندرگاہ

le parc

پارک

la banque

بنچ

le pont

پُل

les escaliers

سیڑھیاں

le métro

انڈرگراؤنڈ

le tunnel

سُرنگ

l'arrêt de bus

بس اسٹاپ

le bar

شراب خانہ

le restaurant

ریسٹورنٹ

la boîte à lettres

پوسٹ باکس

le panneau indicateur

اسٹریٹ سائن

le parcmètre

پارکنگ میٹر

le zoo

چڑیا گھر

le réverbère

سونمنگ پول

la mosquée

مسجد

la ferme

کھیت

la pollution

آلودگی

la cimetière

قبرستان

l'église

چرچ

l'aire de jeux

کھیل کا میدان

le temple

مندر

le paysage

منظر

la feuille
پتہ

le panneau indicateur
ریتمانی کرنے ولگا بوا بورڈ

le chemin
راستہ

le pré
سبزہ زار

la pierre
پتھر

le randonneur
پیدل چلنے والا، ہائکر

l'arbre
درخت

la rivière
دریا

l'herbe
گھاس

la fleur
پھول

la vallée

وادی

la montagne

پہاڑی

le lac

جھیل

la forêt

جنگل

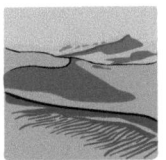

le désert

صحرا

le volcan

آتش فشاں

le château

قلعہ

l'arc-en-ciel

قوس قزح

le champignon

گھمبی

le palmier

کجھور کا درخت

le moustique

مچھر

la mouche

مکھی

les fourmis

چیونٹی

l'abeille

مکھی

l'araignée

مکڑا

le coléoptère

بھونرا

la grenouille

مینڈک

l'écureuil

گلہری

le hérisson

خارپُشت

le lièvre

خرگوش

la chouette

اُلو

l'oiseau

پرندہ

le cygne

راج ہنس

le sanglier

سؤر

le cerf

ہرن

l'élan

امریکی بارہ سنگھا

le barrage

ڈیم

l'éolienne

ہوا سےچلنےوالی ٹربائنیں

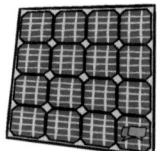

le panneau solaire

سولرپینل

le climat

آب وہوا

le restaurant

ریسٹورنٹ

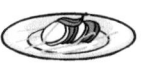

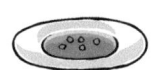

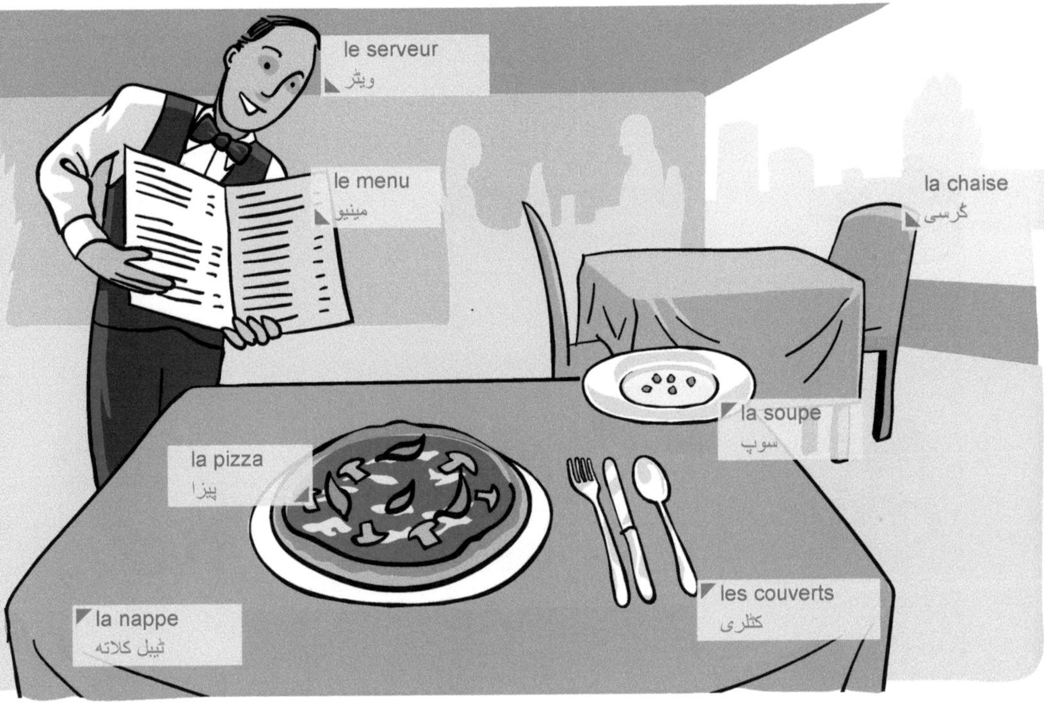
le serveur
ویٹر
le menu
مینیو
la chaise
کرسی
la soupe
سوپ
la pizza
پیزا
les couverts
کٹلری
la nappe
ٹیبل کلاتھ

les hors d'œuvre

اسٹارٹر

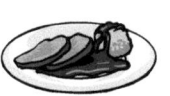

le plat principal

مین کورس

le dessert

ڈیزرٹ

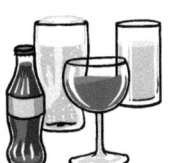

les boissons

مشروبات

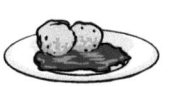

l'alimentation

کھانے کی اشیاء

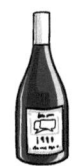

la bouteille

بوتل

le fast-food

فاسٹ فوڈ

les plats à emporter

اسٹریٹ فوڈ

la théière

چائےدانی

le sucrier

شوگر باکس

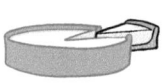

la portion

حصہ

la machine à expresso

ایسپریسو مشین

la chaise haute

اونچی گرسی

la facture

بل

le plateau

ٹرے

le couteau

چھُری

la fourchette

کانٹا

la cuillère

چمچ

la cuillère à thé

چائےکا چمچ

la serviette

سرویینیٹی

le verre

شیشہ

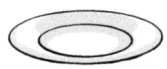

l'assiette

پلیٹ

l'assiette à soupe

سوپ پلیٹ

la soucoupe

طشتری

la sauce

چٹنی

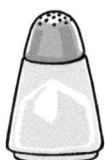

la salière

سالٹ شیکر

le moulin à poivre

پیپرمل

le vinaigre

سرکہ

l'huile

خوردنی تیل

les épices

مصالحے

le ketchup

کیچپ

la moutarde

سرسوں

la mayonnaise

میئونیز

le supermarché

سُپرمارکیٹ

l'offre promotionnelle
خصوصی پیشکش
FOR
le client
گاہک
les produits laitiers
ڈیری
les fruits
پھل
le chariot
ٹرالی

BUTCHERS

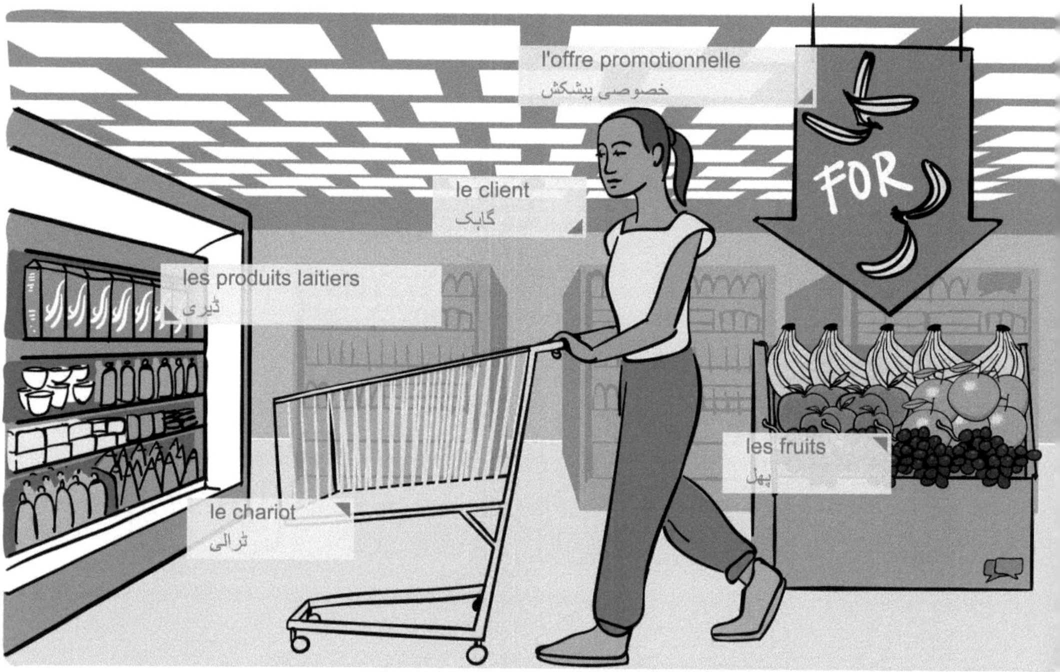

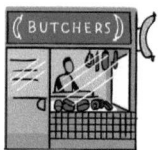

la boucherie

گوشت کی دُکان

BAKERY

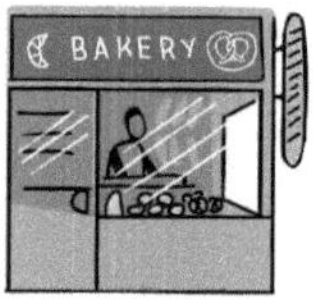

la boulangerie

بیکری

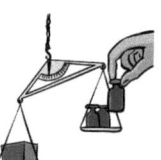

peser

وزن کرنا

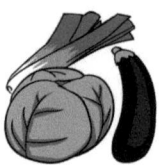

les légumes

سبزیاں

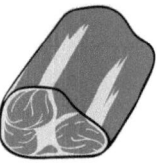

la viande

گوشت

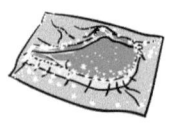

les aliments surgelés

جما ہوا کھانا

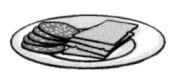

la charcuterie

کولڈ کٹس

les conserves

ڈبے میں بند کھانا

la poudre à lessive

واشنگ پاؤڈر

les bonbons

مٹھائیاں

les articles ménagers

گھریلو مصنوعات

les détergents

صاف کرنے کیلئے مصنوعات

la vendeuse

سیلز پرسن

la caisse

کیش رجسٹر

le caissier

کیشئیر

la liste d'achats

خریداری کی فہرست

les heures d'ouverture

اوقات کار

le portefeuille

بٹوہ

la carte de crédit

کریڈٹ کارڈ

le sac

تھیلا

le sac en plastique

پلاسٹک کے تھیلے

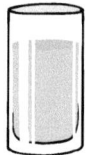

l'eau

پانی

le jus de fruit

جوس، رس

le lait

دودھ

le coca

کوک

le vin

وائن

la bière

بیئر

l'alcool

الکوحل

le chocolat chaud

کوکوآ

le thé

چائے

le café

کافی

l'expresso

ایسپریسو

le cappuccino

کیپاچینو

la banane

کیلا

la pomme

سیب

l'orange

مالٹا

le melon

خربوزه

le citron.

لیموں

la carotte

گاجر

l'ail

لہسن

le bambou

بانس

l'oignon

پیاز

le champignon

کُھمبی

les noisettes

اخروٹ، بادام وغیره

les pâtes

نوڈلز

les spaghetti

اسپیگیٹی

le riz

چاول

la salade

سلاد

les pommes frites

چپس

les pommes de terre rôties

تلے گئے آلو

la pizza

پیزا

le hamburger

ہیم برگر

le sandwich

سینڈوچ

l'escalope

کٹلیٹ

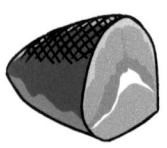

le jambon

سؤر کی ران کا گوشت

le salami

گوشت کی اطالوی ساسیج

la saucisse

ساسیج

le poulet

مُرغی

le rôti

روسٹ

le poisson

مچھلی

l'alimentation - کھانے کی اشیاء

les flocons d'avoine

جئی کا دلیہ

le muesli

میوزلی

les cornflakes

کارن فلیکس

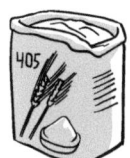

la farine

آٹا

le croissant

کروئیسنٹ

les petits-pains

بریڈ رول

le pain

بریڈ

le pain grillé

ٹوسٹ

les biscuits

بسکٹ

le beurre

مکھن

le fromage blanc

دہی

le gâteau

کیک

l'œuf

انڈا

l'œuf au plat

فرائی کیا گیا انڈہ

le fromage

پنیر

la glace

أئس كريم

le sucre

چینی

le miel

شہد

la confiture

جام

la crème nougat

ناؤگٹ کریم

le curry

سالن

la ferme
کھیت

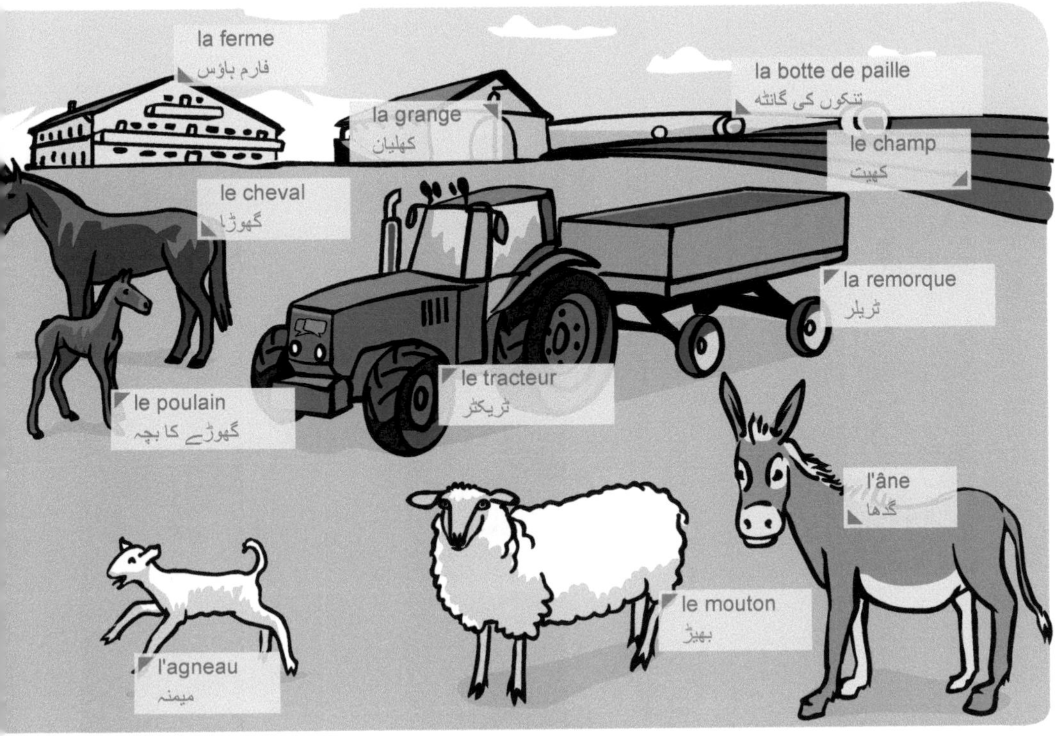
la ferme
فارم ہاؤس
la botte de paille
تنکوں کی گانٹھ
la grange
کھلیان
le champ
کھیت
le cheval
گھوڑا
la remorque
ٹریلر
le tracteur
ٹریکٹر
le poulain
گھوڑے کا بچہ
l'âne
گدھا
le mouton
بھیڑ
l'agneau
میمنہ

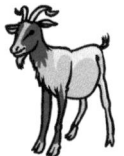

la chèvre
بکری

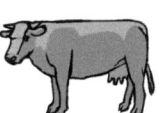

la vache
گائے

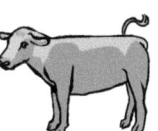

le veau
بچھڑا

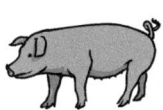

le porc
سؤر

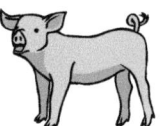

le porcelet
سؤر کا بچہ

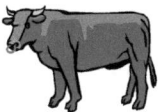

le taureau
سانڈ

l'oie

راج ہنس

le canard

بطخ

le poussin

چوزہ

la poule

مُرغی

le coq

مُرغا

le rat

چوہا

le chat

بلی

la souris

چوہا

le bœuf

بیلچہ

le chien

کتا

le chenil

کتے کا گھر

le tuyau de jardin

گارڈن ہاؤس

l'arrosoir

پانی کا کین

la faucheuse

درانتی

la charrue

ہل

la faucille

درانتی

la pioche

بیلچہ

la fourche

ترنگل

la hache

کلہاڑا

la brouette

ٹھیلہ گاڑی

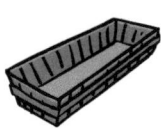

la cuve

حوض

le pot à lait

دودھ کا کین

le sac

تھیلا

la clôture

باڑ

l'étable

اصطبل

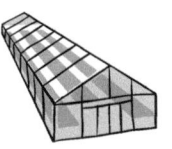

le serre

گرین ہاؤس

le sol

مٹی

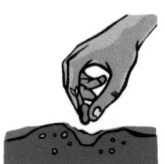

les semences

بیج

l'engrais

فرٹیلائزر

la moissonneuse-batteuse

کمبائن ہارویسٹر

récolter

فصل کاٹنا

la récolte

فصل کاٹنا

l'igname

افریقی آلو

le blé

گندم

le soja

سویا

la pomme de terre

آلو

le maïs

مکئی

le colza

توریا کا تیل

l'arbre fruitier

پھلداردرخت

le manioc

کساوا

les céréales

دلیہ

la maison

مکان

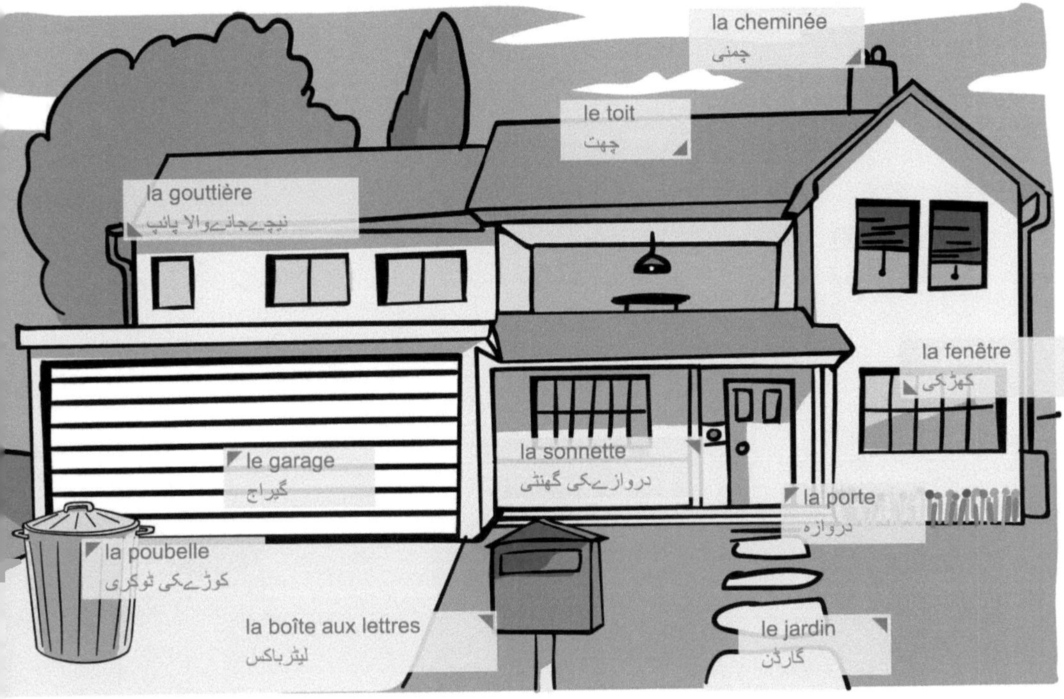
la cheminée
چمنی
le toit
چھت
la gouttière
نیچے جانے والا پائپ
la fenêtre
کھڑکی
le garage
گیراج
la sonnette
دروازے کی گھنٹی
la porte
دروازہ
la poubelle
کوڑے کی ٹوکری
la boîte aux lettres
لیٹر باکس
le jardin
گارڈن

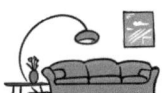

le salon
لوونگ روم

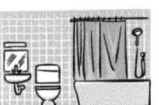

la salle de bain
غسل خانہ

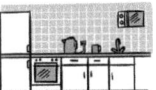

la cuisine
باورچی خانہ

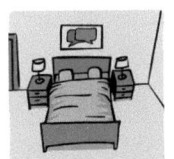

la chambre à coucher
بیڈروم

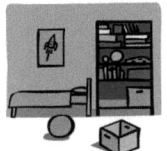

la chambre d'enfant
بچوں کا کمرہ

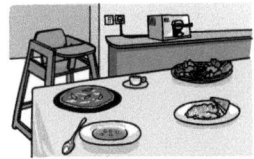

la salle à manger
کھانے کا کمرہ

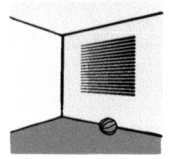

le sol

فرش

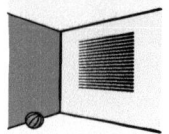

le mur

دیوار

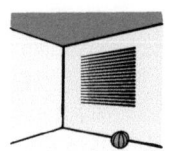

le plafond

چھت

la cave

تہ خانہ

le sauna

سوانا

le balcon

بالکونی

la terrasse

ٹیریس

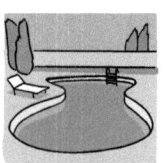

la piscine

پول

la tondeuse à gazon

گھاس کاٹنےکی مشین

la housse

چادر

la couette

چادر

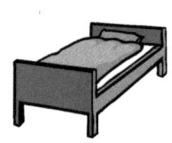

le lit

بستر

le balai

جھاڑو

le sceau

بالٹی

l'interrupteur

سونچ

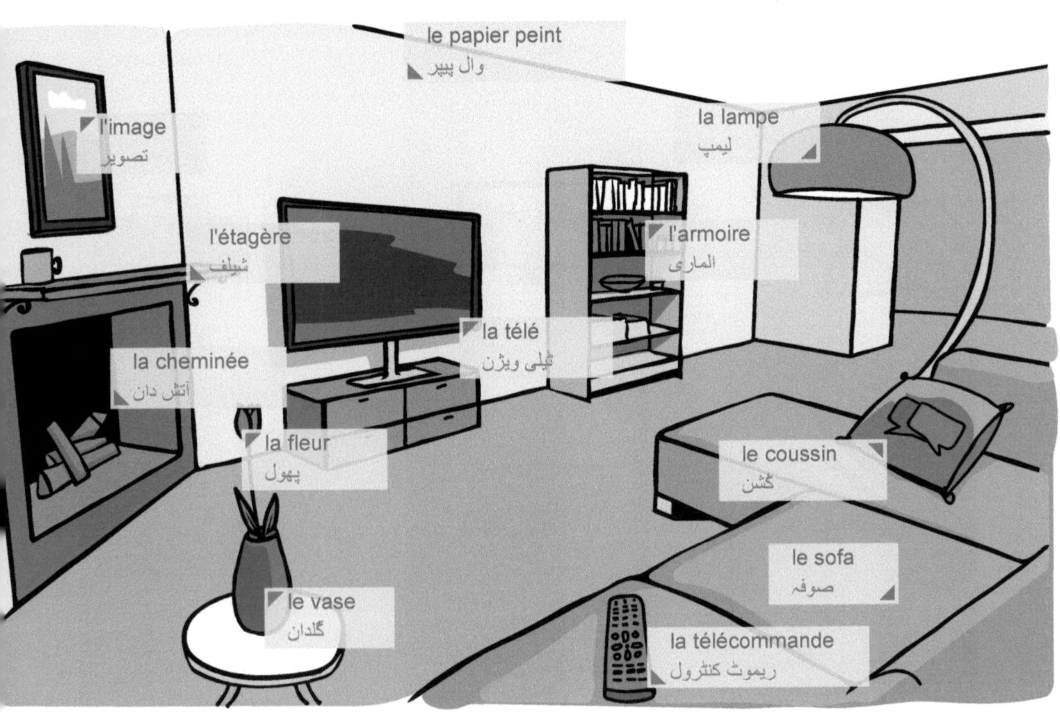

le papier peint
وال پیپر

l'image
تصویر

la lampe
لیمپ

l'étagère
شیلف

l'armoire
الماری

la cheminée
آتش دان

la télé
ٹیلی ویژن

la fleur
پھول

le coussin
کشن

le sofa
صوفہ

le vase
گلدان

la télécommande
ریموٹ کنٹرول

le tapis
قالین

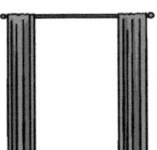

le rideau
پردے

la table
میز

la chaise
کرسی

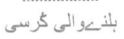

la chaise à bascule
بلنے والی کرسی

le fauteuil
آرام کرسی

le livre

کتاب

la couverture

کمبل

la décoration

آرائش

le bois de chauffage

جلانےکی لکڑی

le film

فلم

la chaîne hi-fi

ہائی فائی

la clé

چابی

le journal

اخبار

la peinture

پینٹنگ

le poster

پوسٹر

la radio

ریڈیو

le bloc-notes

نوٹ بُک

l'aspirateur

ویکیوم کلینر

le cactus

کیکٹس

la bougie

موم بتی

la cuisine

باورچی خانہ

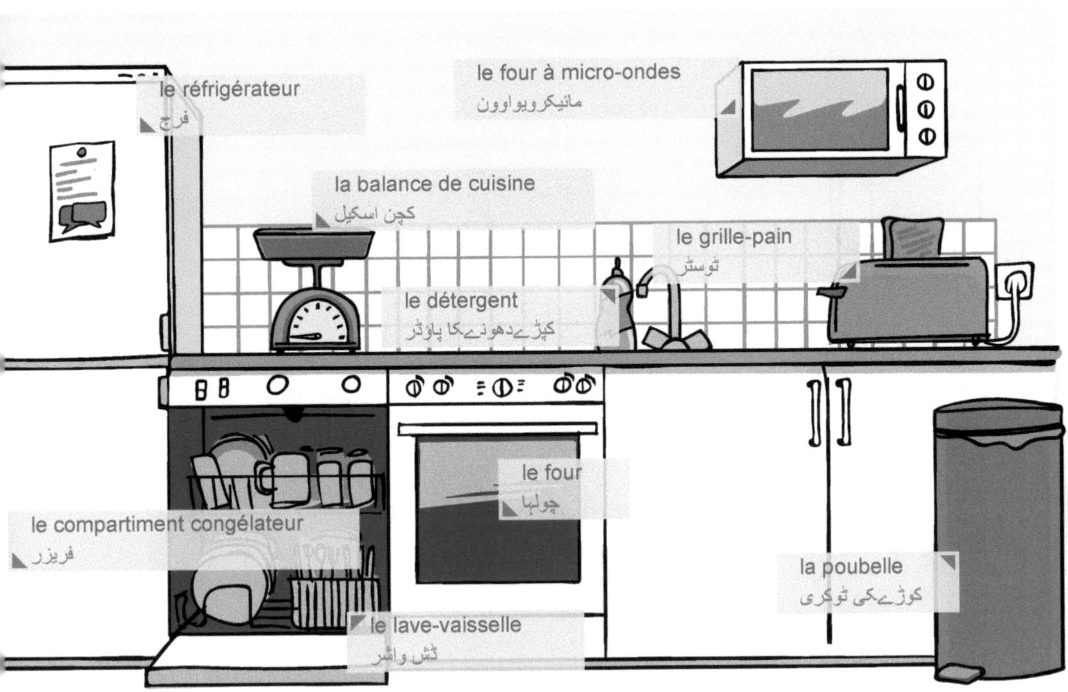

le réfrigérateur
فرج
le four à micro-ondes
مائیکرویواوون
la balance de cuisine
کچن اسکیل
le grille-pain
ٹوسٹر
le détergent
کپڑے دھونے کا پاوڈر
le four
چولہا
le compartiment congélateur
فریزر
la poubelle
کوڑے کی ٹوکری
le lave-vaisselle
ڈش واشر

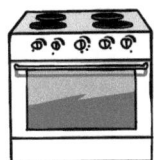

le four

ککر

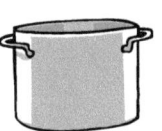

la casserole

برتن

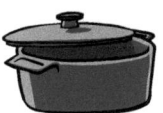

la marmite

لوہے کا برتن

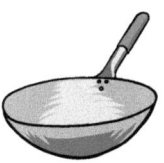

le wok / kadai

کڑاہی

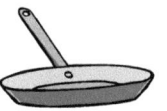

la poêle

برتن

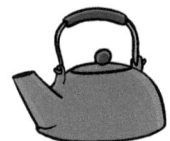

la bouilloire electrique

کیتلی

le cuiseur vapeur

اسٹیمر

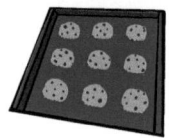

la plaque de cuisson

بیکنگ ٹرے

la vaisselle

کراکری

le gobelet

مگ

la coupe

پیالہ

les baguettes

چاپ استکس

la louche

ڈونی

la spatule

کفچہ

le fouet

جھاڑودینا

la passoire

مقطر

le tamis

چھلنی

la râpe

گریٹر

le mortier

کونڈی

le barbecue

باربی کیو

la cheminée

کھُلی آگ

la planche à découper

چاپنگ بورڈ

le rouleau à pâtisserie

بیلن

le tire-bouchon

کارک اسکریو

la boîte

کین

l'ouvre-boîte

کین اوپنر

les maniques

برتن پکڑنے والا کپڑا

le lavabo

سنک

la brosse

برش

l'éponge

اسپونج

le mixeur

بلینڈر

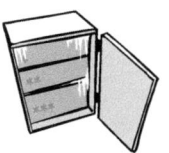

le congélateur

ڈیپ فریز

le biberon

بچے کی بوتل

le robinet

ٹونٹی

la salle de bain

غُسل خانہ

le chauffage
ہیٹنگ
la serviette
تولیہ
la douche
شاور
le rideau de douche
شاورکرٹن
le bain moussant
ببل باتھ
la baignoire
باتھ ٹب
la machine à laver
واشنگ مشین
le carrelage
ٹائلیں
le robinet
ٹونٹی
le verre
شیشہ
le pot
پاٹی
le lavabo
سنک

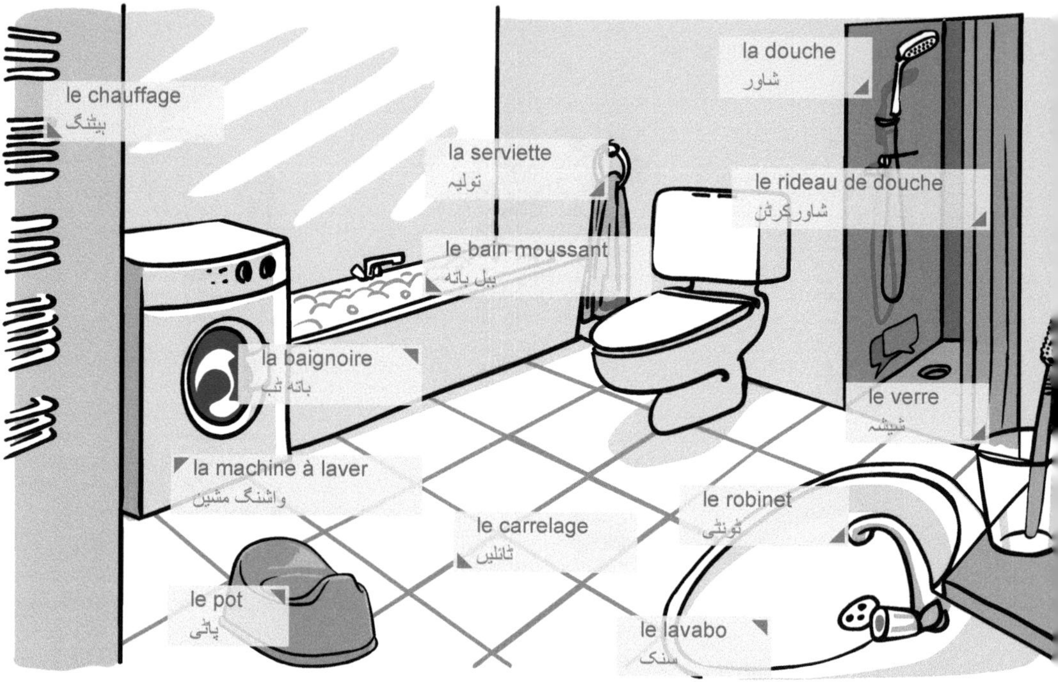

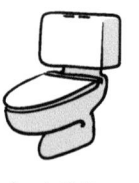

les toilettes

ٹائلٹ

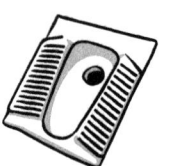

la toilette à la turque

دوزانوں بیٹھنےوالی ٹائلٹ

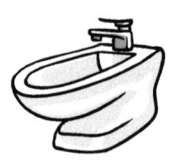

le bidet

نچلاحصہ دھونےکیلئےپاٹ

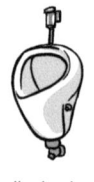

l'urinoir

پیشاب گاہ

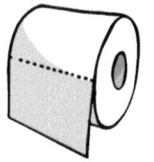

le papier toilette

ٹائلٹ پیپر

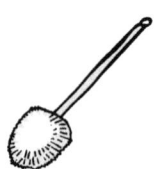

la brosse à toilette

ٹائلٹ برش

la brosse à dents

ٹوتھ برش

le dentifrice

ٹوتھ پیسٹ

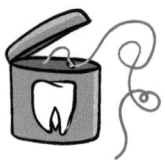

le fil dentaire

ڈینٹل فلاس

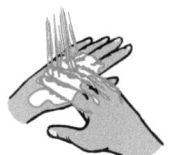

laver

دھونا

la douche manuelle

ہینڈ شاور

la douche intime

شاور

la vasque

بیسن

la brosse dorsale

بیک برش

le savon

صابن

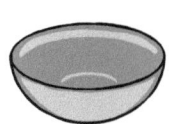

le gel douche

شاورجل

le shampooing

شیمپو

le gant de toilette

فلالین

l'écoulement

ڈرین

la crème

کریم

le déodorant

ڈیوڈورنٹ

le miroir

آئینہ

le miroir cosmétique

ہاتھ میں پکڑا جانےوالا آئینہ

le rasoir

ریزر

la mousse à raser

شیونگ فوم

l'après-rasage

آفٹرشیو

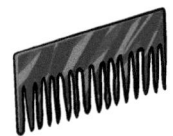

la peigne

کنگھی

la brosse

برش

le sèche-cheveux

ہیئرڈرائر

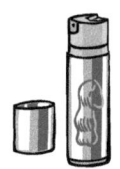

la laque pour cheveux

ہیئراسپرے

le fond de teint

میک اپ

le rouge à lèvres

لپ اسٹک

le vernis à ongles

نیل وارنش

l'ouate

روئی

le coupe-ongles

ناخن کاٹنےکی قینچی

le parfum

پرفیوم

la trousse de toilette

واش بيگ

le tabouret

پاخانہ

le pèse-personne

وزن کرنےکی مشین

le peignoir

باتھ روب

les gants de nettoyage

ربڑ کے دستانے

le tampon

ٹیمپون

les serviettes hygiéniques

سینیٹری ٹاول

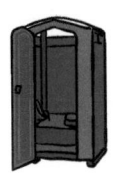

la toilette chimique

کیمیکل ٹائلٹ

la chambre d'enfant

بچوں کا کمرہ

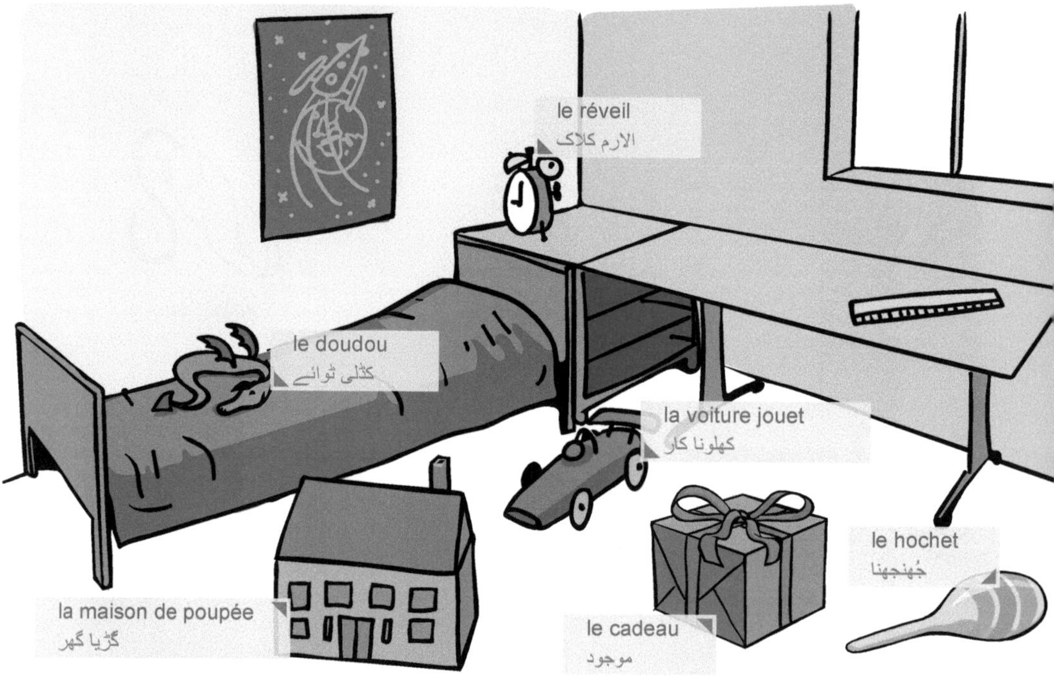

le réveil
الارم کلاک
le doudou
کڈلی ٹوائے
la voiture jouet
کھلونا کار
le hochet
جُھنجھنا
la maison de poupée
گڑیا گھر
le cadeau
موجود

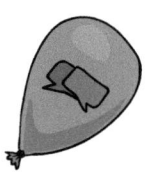

le ballon

غبارہ

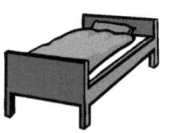

le lit

بستر

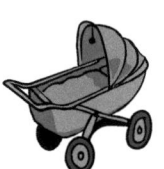

la poussette

پرام

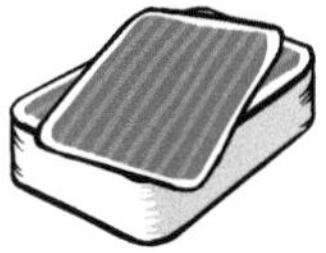

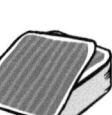

le jeu de cartes

ڈیک آف کارڈز

le puzzle

جگسا

SUPER MEGA

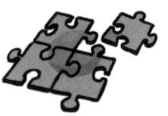

la bande dessinée

کامک

les pièces lego

ليگو بركس

les blocs de construction

كھلونا بلاكس

la figurine

ايكشن فگر

la grenouillère

بچے كا لباس

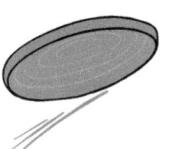

le frisbee

فرسبی

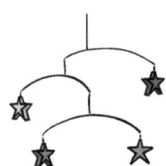

le mobile

كھلونا موبائل

le jeu de société

بورڈ گيم

le dé

ڈائس

le train miniature

ماڈل ٹرين سيٹ

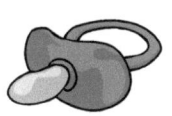

la sucette

ٹمی

la fête

پارٹی

le livre d'images

تصاوير والی كتاب

la balle

گيند

la poupée

گڑيا

jouer

كھيلنا

le bac à sable

سینڈ پٹ

la balançoire

جھولا جھولنا

les jouets

کھلونے

la console de jeu

وڈیوگیم کنسول

le tricycle

تین پہیوں والی سائیکل

l'ours en peluche

ٹیڈی بیئر

l'armoire

کپڑوں کی الماری

les vêtements

لباس

les chaussettes

موزے

les bas

اسٹاکنگز

le collant

ٹائٹس

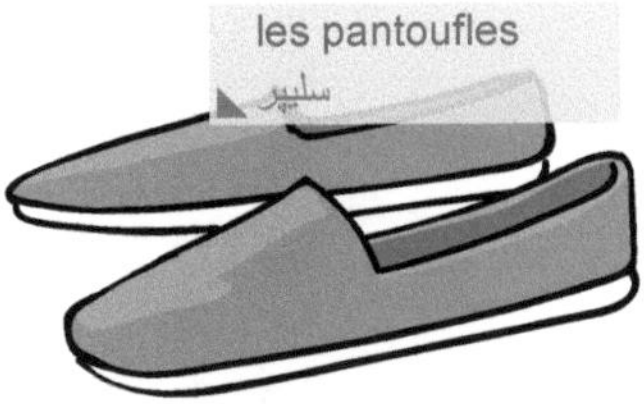

l'écharpe
اسکارف

le parapluie
چھتری

la ceinture
بیلٹ

le t-shirt
ٹی شرٹ

les bottes
بوٹ

les pantoufles
سلیپر

les baskets
اسنیکرز

les sandales
....
سینڈل

les chaussures
....
جوتے

les bottes de caoutchouc
....
ربڑ کے بوٹس

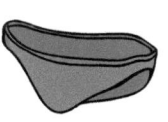

les sous-vêtements
....
زیرجامہ

le soutien-gorge
....
بریزئیر

le maillot de corps
....
واسکٹ

les vêtements - لباس   45

le body

جسم

le pantalon

پتلون

le jean

جینز

la jupe

اسکرٹ

le chemisier

بلاؤز

la chemise

قمیض

le pull

پُل اوور

le sweat à capuche

سویٹر

la veste

بلیزر

la veste

جیکٹ

le manteau

کوٹ

l'imperméable

رین کوٹ

le costume

کوئی خاص لباس

la robe

لباس

la robe de mariée

شادی کا لباس

le costume

سوٹ

la chemise de nuit

نائٹ گاؤن

le pyjama

پانجامہ

le sari

ساڑھی

le foulard

سرپرلیا جانےوالا اسکارف

le turban

پگڑی

la burqa

بُرقع

le caftan

کفتان

l'abaya

عبایہ

le maillot de bain

تیراکی کا سوٹ

le maillot de bain

ٹرنک

le short

نیکر

la tenue d'entraînement

ٹریک سوٹ

le tablier

ایپرن

les gants

دستانے

le bouton

بٹن

les lunettes

عینک

le bracelet

کنگن

le collier

ہار

la bague

انگوٹھی

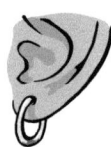

la boucle d'oreille

کانوں کی بالیاں

le bonnet

ٹوپی

le cintre

کوٹ ہینگر

le chapeau

ہیٹ

la cravate

ٹائی

la fermeture éclair

زپ

le casque

ہیلمٹ

les bretelles

بریسز

l'uniforme scolaire

سکول یونیفارم

l'uniforme

وردی

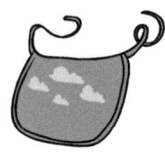

le bavoir

بب

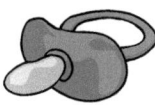

la sucette

ڈمی

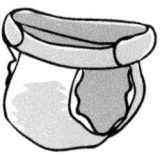

la lange

نیپی

le bureau

دفتر

le serveur
سرور
l'armoire d'archivage
فائلوں کی الماری
l'imprimante
پرنٹر
le papier
کاغذ
l'écran
مانیٹر
la souris
ماؤس
le bureau
میز
le classeur
فولڈر
le clavier
کی بورڈ
la corbeille à papier
ویسٹ پیپرباسکٹ
l'ordinateur
کمپیوٹر
la chaise
کُرسی

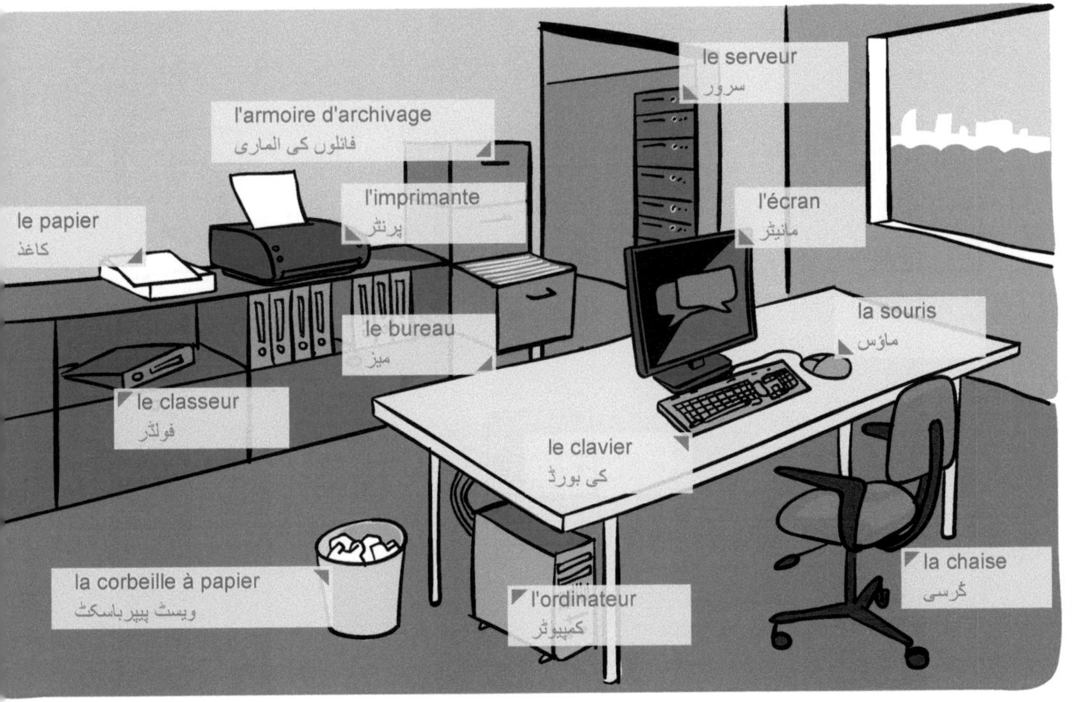

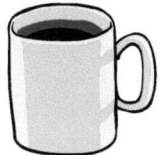

la tasse de café

کافی مگ

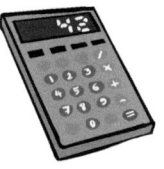

la calculatrice

کیلکولیٹر

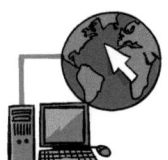

l'internet

انٹرنیٹ

l'ordinateur portable

لیپ ٹاپ

la lettre

خط

le message

پیغام

le portable

موبائل

le réseau

نیٹ ورک

la photocopieuse

فوٹوکاپئیر

le logiciel

سافٹ ویئر

le téléphone

ٹیلی فون

la prise

پلگ ساکٹ

le fax

فیکس مشین

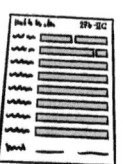

le formulaire

فارم

le document

دستاویز

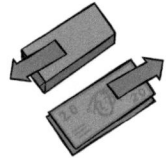

acheter

خریدنا

payer

ادائیگی کرنا

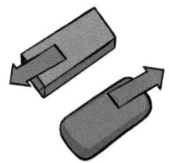

faire du commerce

تجارت کرنا

la monnaie

رقم

le dollar

ڈالر

l'euro

یورو

le yen

ین

le rouble

روبل

le franc suisse

سوئس فرانک

le renminbi yuan

رینمنیبی یوآن

la roupie

روپیہ

le distributeur automatique

کیش پوائنٹ

le bureau de change

رقم تبدیل کرانے کیلئے دفتر

l'or

سونا

l'argent

چاندی

le pétrole

خام تیل

l'énergie

توانائی

le prix

قیمت

le contrat

معاہدہ

la taxe

ٹیکس

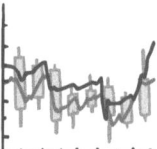

l'action

اسٹاک

travailler

کام کرنا

l'employé

ملازم

l'employeur

آجر

l'usine

فیکٹری

le magasin

دکان

les professions

پیشے

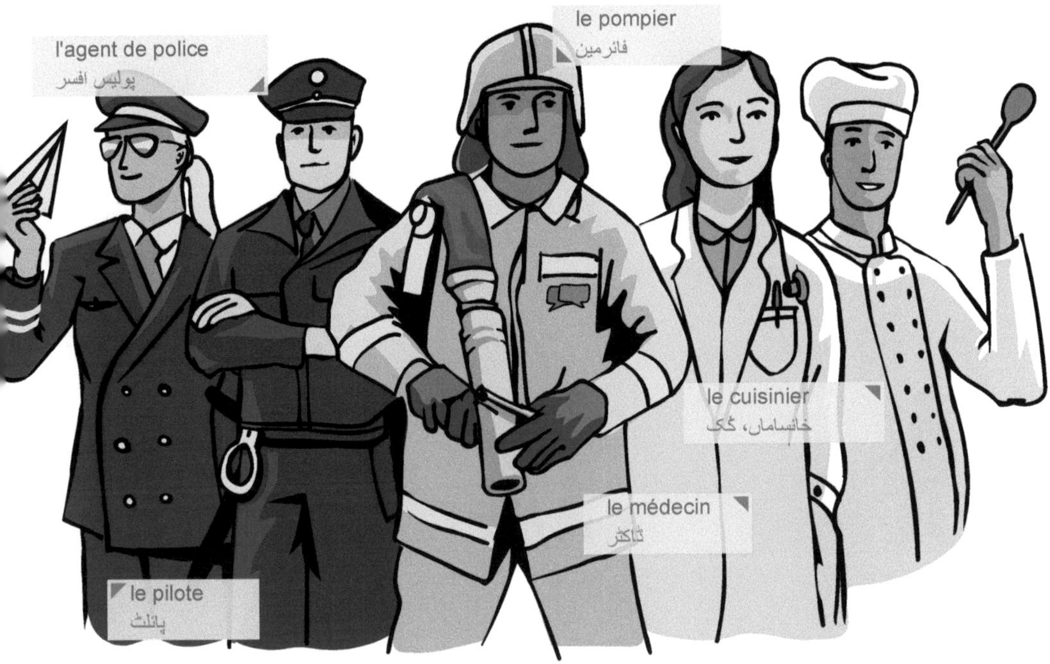

l'agent de police
پولیس افسر
le pompier
فائرمین
le cuisinier
خانساماں، کُک
le médecin
ڈاکٹر
le pilote
پائلٹ

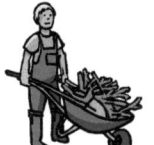

le jardinier

مالی

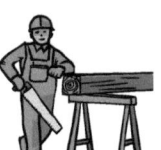

le menuisier

ترکھان

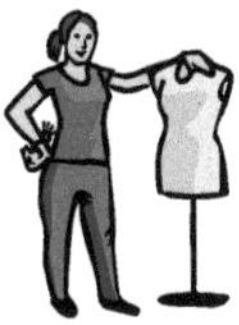

la couturière

درزن

le juge

جج

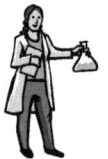

le chimiste

کیمسٹ

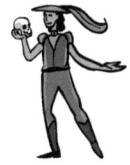

l'acteur

اداکار

le conducteur de bus

بس ڈرائیور

le chauffeur de taxi

ٹیکسی ڈرائیور

le pêcheur

مچھیرا

la femme de ménage

صفائی کرنے والی عورت

le couvreur

چھت بنانے والا

le serveur

ویٹر

le chasseur

شکاری

le peintre

پینٹر

le boulanger

بیکر

l'électricien

الیکٹریشین

l'ouvrier

بلڈر

l'ingénieur

انجینئر

le boucher

قصائی

le plombier

پلمبر

le facteur

ڈاکیا

le soldat

سپاہی

l'architecte

آرکیٹیکٹ

le caissier

کیشیئر

le fleuriste

پھول بیچنےوالا

le coiffeur

نائی

le contrôleur

کنڈکٹر

le mécanicien

مکینک

le capitaine

کپتان

le dentiste

ڈینٹسٹ

le scientifique

سائنسدان

le rabbin

یہودی عالم

l'imam

امام

le moine

راہب

le prêtre

پادری

les professions - پیشے

les outils

اوزار

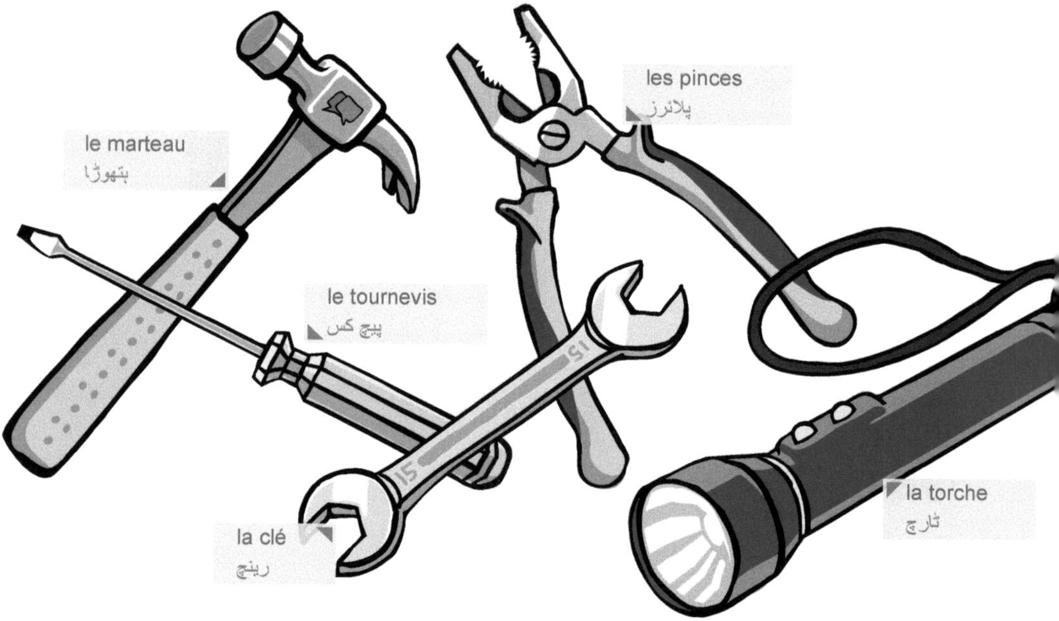

les pinces
پلائرز
le marteau
ہتھوڑا
le tournevis
پیچ کس
la clé
رینچ
la torche
ٹارچ

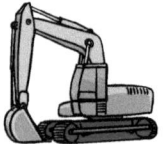

la pelleteuse

ایکسکویٹر

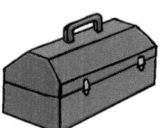

la boîte à outils

ٹول باکس

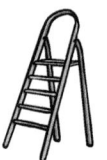

l'échelle

سیڑھی

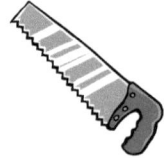

la scie

آری

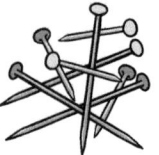

les clous

کیل

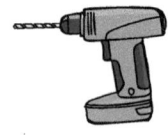

la perceuse

ڈرل

réparer

مرمت کرنا

la pelle

بیلچہ

Mince !

لعنت ہو!

la pelle

ٹسٹ پین

le pot de peinture

پینٹ پاٹ

les vis

پیچ

les instruments de musique

آلات موسیقی

le haut-parleurs
لاؤڈ اسپیکر

la batterie
ڈرم سیٹ

la guitare
گٹار

la contrebasse
ڈبل باس

la trompette
بگل

le piano

پیانو

le violon

وائلن

la basse

موسیقی کی آواز

les timbales

ٹمپانی

le tambour

ڈھول، ڈرمز

le piano électrique

کی بورڈ

le saxophone

سیکسوفون

la flûte

بانسری

le microphone

مائیکروفون

le zoo
چڑیا گھر

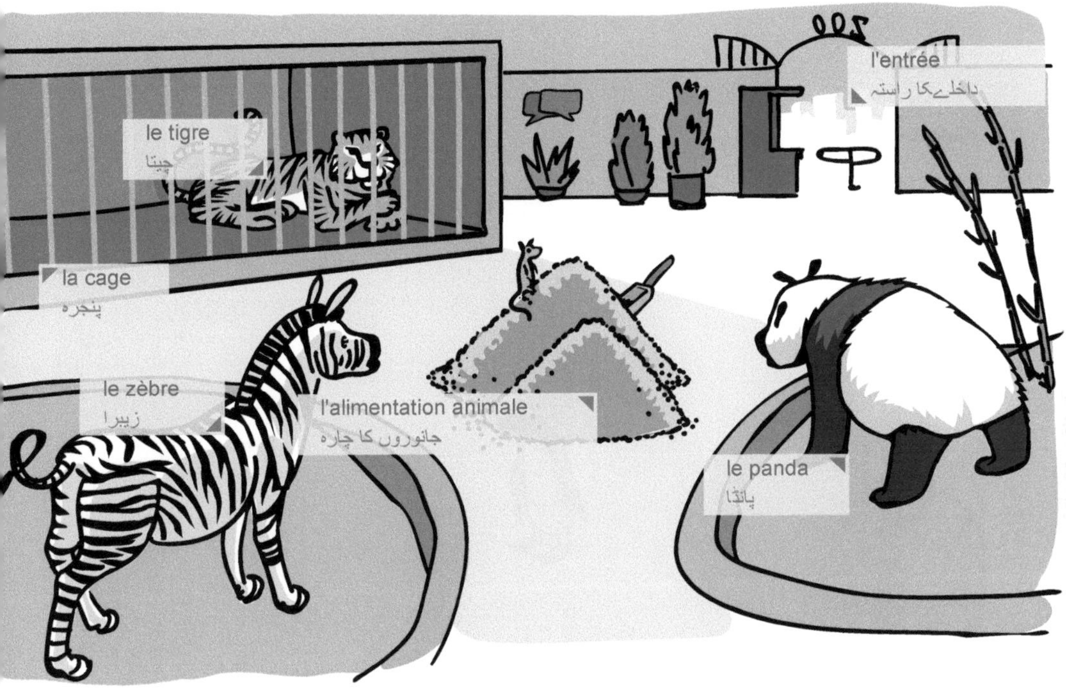
l'entrée
داخلے کا راستہ
le tigre
چیتا
la cage
پنجرہ
le zèbre
زیبرا
l'alimentation animale
جانوروں کا چارہ
le panda
پانڈا

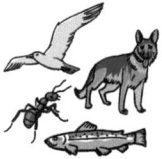

les animaux

جانور

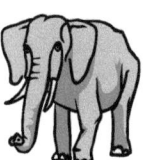

l'éléphant

ہاتھی

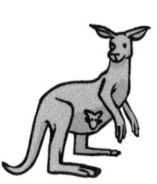

le kangourou

کینگرو

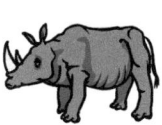

le rhinocéros

گینڈا

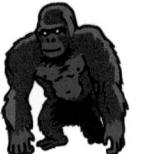

le gorille

گوریلا

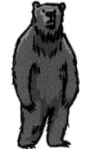

l'ours

ریچھ

le chameau

اونٹ

l'autruche

شُتَرمُرغ

le lion

شیر

le singe

بندر

le flamand rose

فلیمنگو

le perroquet

طوطا

l'ours polaire

قطبی ریچھ

le pingouin

کبوتر

le requin

شارک

le paon

مور

le serpent

سانپ

le crocodile

مگرمچھ

le gardien de zoo

چڑیا گھر کا محافظ

le phoque

سیل

le jaguar

امریکی تیندوا

le poney

ٹٹو

le léopard

چیتا

l'hippopotame

دریائی گھوڑا

la girafe

زرافہ

l'aigle

عقاب

le sanglier

سؤر

le poisson

مچھلی

la tortue

کچھوا

le morse

سمندری گھوڑا

le renard

لومڑی

la gazelle

غزال ہرن

l'american Football
امریکن فٹ بال

le cyclisme
سائیکلنگ

le tennis
ٹینس

le basket-ball
باسکٹ بال

la natation
پیراکی

la boxe
باکسنگ

le hockey sur glace
آئس ہاکی

le football
فٹ بال

le badminton
بیڈمنٹن

l'athlétisme
اتھلیٹکس

le handball
ہینڈ بال

le ski
اسکیننگ

le polo
پولو

rire
بنسنا

uter
چھلانگ ل

embrasser
گلے لگانا

marcher
چلنا

chanter
گانا

rêver
خواب دیکھنا

prier
دُعا کرنا

faire la bise
چُومنا

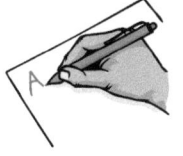

écrire

لکھنا

dessiner

تصویرکشی کرنا

montrer

دکھانا

pousser

آگے کی طرف دھکیلنا

donner

دینا

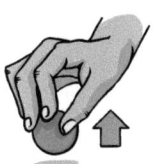

prendre

لینا

avoir

رکھنا

faire

کرنا

être

ہونا

être debout

کھڑا ہونا

courir

دوڑنا

trier

کھینچنا

jeter

پھینکنا

tomber

گرنا

être couché

جھوٹ بولنا

attendre

انتظار کرنا

porter

اٹھانا

être assis

بیٹھنا

s'habiller

ملبوس ہونا

dormir

سونا

se réveiller

جاگنا

regarder

دیکھنا

pleurer

رونا

caresser

چوٹ لگانا

peigner

کنگھی کرنا

parler

بات کرنا

comprendre

سمجھنا

demander

پوچھنا

écouter

مُتوجہ ہونا

boire

پینا

manger

کھانا

ranger

صاف کرنا

aimer

پیار کرنا

cuire

پکانا

conduire

گاڑی چلانا

voler

اڑنا

faire de la voile

بحری سفر کرنا

calculer

شمار کریں

lire

پڑھنا

apprendre

سیکھنا

travailler

کام کرنا

se marier

شادی کرنا

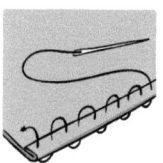

coudre

سینا

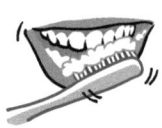

brosser les dents

دانت صاف کرنا

tuer

جان سے ماردینا

fumer

تمباکو نوشی کرنا

envoyer

بھیجنا

grand-mère
داد

le grand-père
دادا

le père
باپ

la mère
ماں

le bébé
طفل

la fille
بیٹی

le fils
بیٹا

l'hôte

مہمان

la tante

چچی

l'oncle

چچا

le frère

بھائی

la sœur

بہن

le corps

جسم

le front
ماتھا
l'œil
آنکھ
l'épaule
کندھا
le doigt
انگلی
le visage
چہرہ
le menton
ٹھوڑی
la main
ہاتھ
la jambe
ٹانگ
la poitrine
چھاتی
le bras
بازو

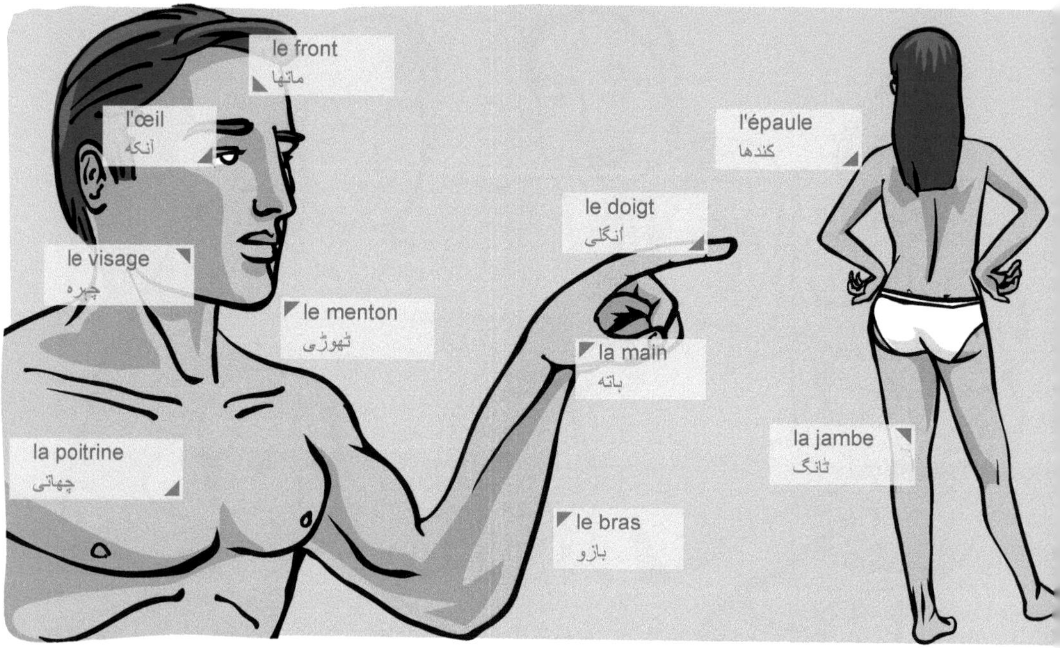

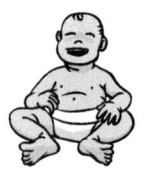

le bébé

طفل

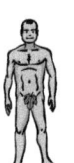

l'homme

آدمی

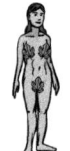

la femme

عورت

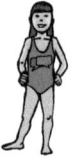

la fille

لڑکی

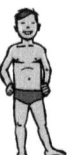

le garçon

لڑکا

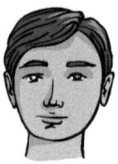

la tête

سر

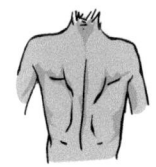

le dos

کمر

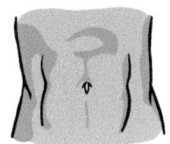

le ventre

پیٹ

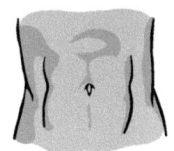

le nombril

ناف

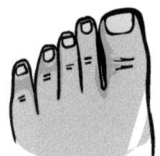

l'orteil

پاؤں کا انگوٹھا

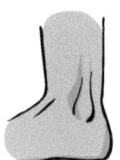

le talon

ایڑھی

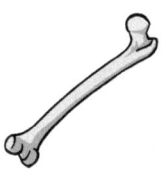

l'os

ہڈی

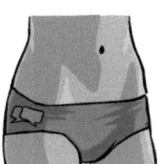

la hanche

کولہا

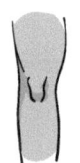

le genou

گھٹنا

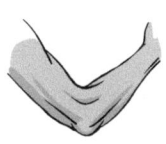

le coude

کہنی

le nez

ناک

les fesses

نچلا حصہ

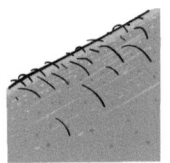

la peau

جلد

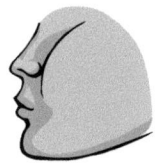

la joue

گال

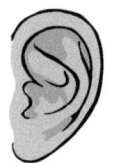

l'oreille

کان

la lèvre

ہونٹ

la bouche

مُنہ

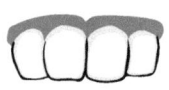

la dent

دانت

la langue

زبان

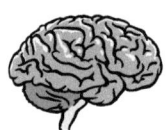

le cerveau

دماغ

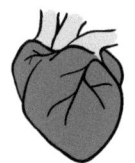

le cœur

دل

le muscle

پٹھہ

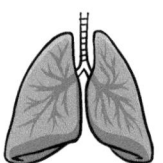

les poumons

پھیپھڑا

le foie

جگر

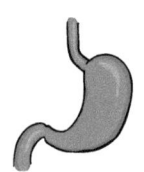

l'estomac

معدہ

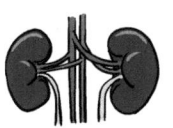

les reins

گردے

le rapport sexuel

جنس

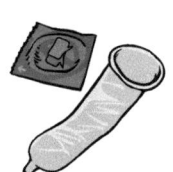

le préservatif

کنڈوم

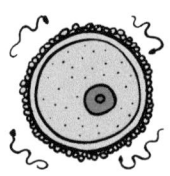

l'ovule

بیضہ

le sperme

مادہ منویہ

la grossesse

حمل

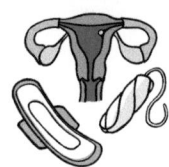

la menstruation
....
حيض

le vagin
....
اندام نهانی

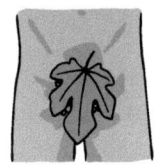

le pénis
....
عضوتناسل

le sourcil
....
بهنويں

les cheveux
....
بال

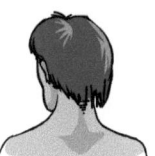

le cou
....
گردن

l'hôpital

ہسپتال

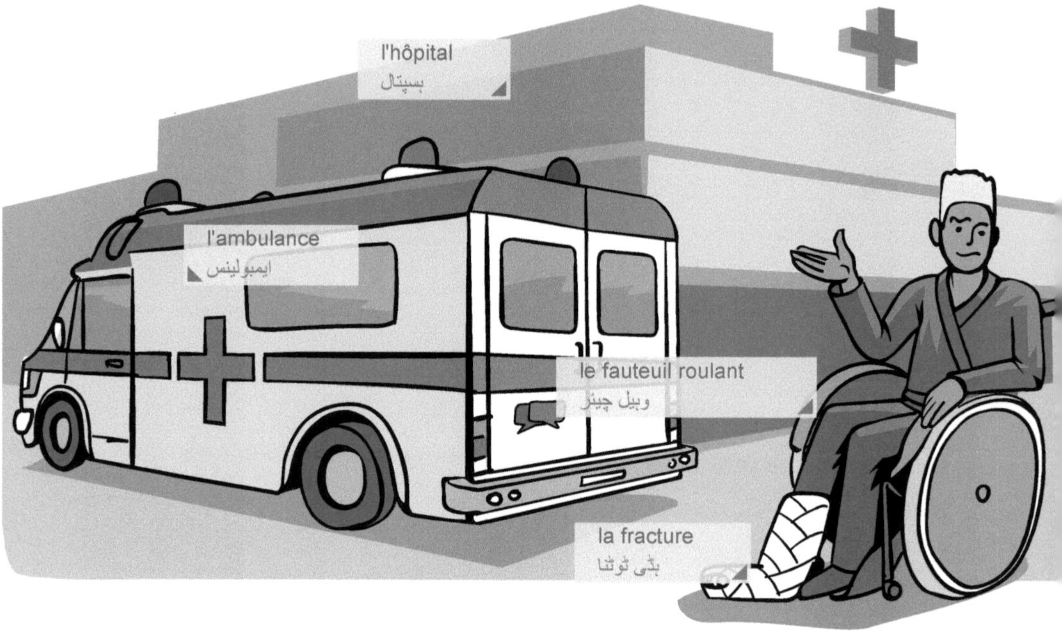

l'hôpital
ہسپتال
l'ambulance
ایمبولینس
le fauteuil roulant
وہیل چیئر
la fracture
ہڈی ٹوٹنا

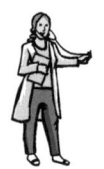

le médecin

ڈاکٹر

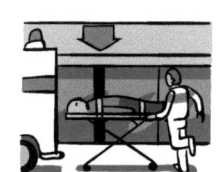

le service des urgences

ہنگامی کمرہ

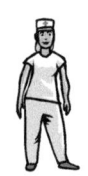

l'infirmière

نرس

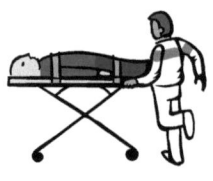

l'urgence

ہنگامی صورتحال

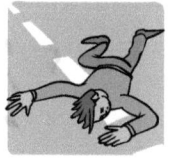

inconscient

بےہوش

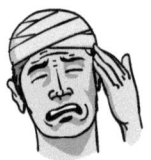

la douleur

درد

la blessure

زخم

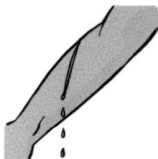

l'hémorragie

خون بهنا

la crise cardiaque

دل کا دوره

l'attaque cérébrale

فالج

l'allergie

الرجی

la toux

کھانسی

la fièvre

بخار

la grippe

زکام

la diarrhée

اسہال

le mal de tête

سردرد

le cancer

کینسر

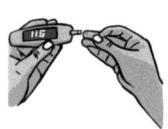

le diabète

ذیابیطس

le chirurgien

سرجن

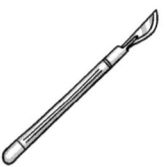

le scalpel

نشتر

l'opération

آپریشن

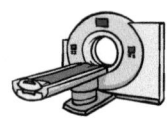

le CT

سی ٹی

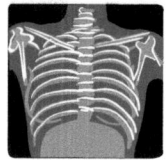

la radiographie

ایکس رے

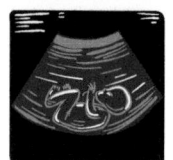

l'échographie

الٹراساؤنڈ

le masque

چہرے کا نقاب

la maladie

بیماری

la salle d'attente

انتظارگاہ

la béquille

بیساکھی

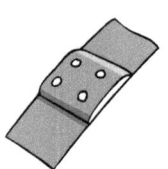

le pansement

پلاسٹر

le pansement

پٹی

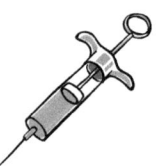

l'injection

انجکشن

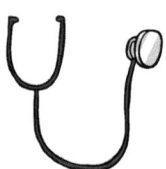

le stéthoscope

اسٹیتھواسکوپ

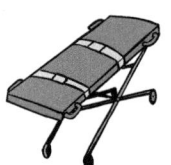

le brancard

اسٹریچر

le thermomètre

مطبی تھرما میٹر

l'accouchement

پیدائش

la surcharge pondérale

حد سے زیادہ وزن

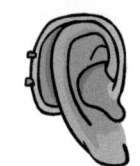

l'appareil auditif

آلہ سماعت

le désinfectant

جراثیم کش

l'infection

انفیکشن

le virus

وائرس

le VIH / le sida

ایچ آئی وی/ ایڈز

le médicament

دوا

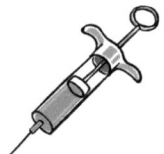

la vaccination

ویکسی نیشن

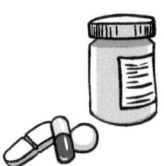

les comprimés

گولیاں

la pilule

گولی

l'appel d'urgence

ہنگامی کال

le tensiomètre

بلڈ پریشرمانیٹر

malade / sain

بیمار/ صحتمند

l'alarme

الارم

l'assaut

مُجرمانہ حملہ

Au secours !

مدد!

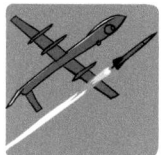

l'attaque

حملہ

le danger

خطرہ

la sortie de secours

ہنگامی راستہ

Au feu!

آگ!

l'extincteur

آگ بُجھانے والہ آلہ

l'accident

حادثہ

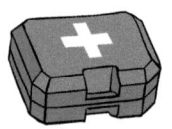

la trousse de premier
secours

ابتدائی طبی امداد کی کٹ

SOS

ایس اوایس

la police

پولیس

l'Europe

یورپ

l'Amérique du Nord

شمالی امریکہ

l'Amérique du Sud

جنوبی امریکہ

l'Afrique

افریقہ

l'Asie

ایشیا

l'Australie

أسٹریلیا

l'Océan atlantique

بحراوقیانوس

l'Océan pacifique

بحرالکابل

l'Océan indien

بحرہند

l'Océan antarctique

بحرقطب جنوبی

l'Océan arctique

بحرقطب شمالی

le Pôle nord

قطب شمالی

le Pôle sud

قُطب جنوبی

l'Antarctique

انٹارکٹیکا

la terre

زمین

le pays

زمین

la mer

سمندر

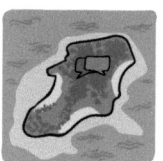

l'île

جزیرہ

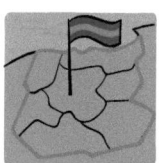

la nation

قوم

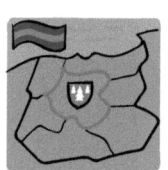

l'état

ریاست

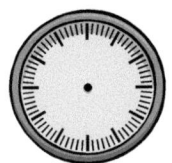

le cadran

کلاک کا سامنے کا حصہ

l'aiguille des heures

گھنٹوں والی سوئی

l'aiguille des minutes

منٹوں والی سوئی

l'aiguille des secondes

سیکنڈ ہینڈ

Quelle heure est-il ?

کیا وقت ہوا ہے؟

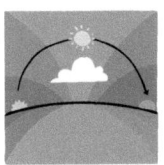

le jour

دن

le temps

وقت

maintenant

اب

la montre digitale

ڈیجیٹل گھڑی

la minute

منٹ

l'heure

گھنٹہ

la semaine

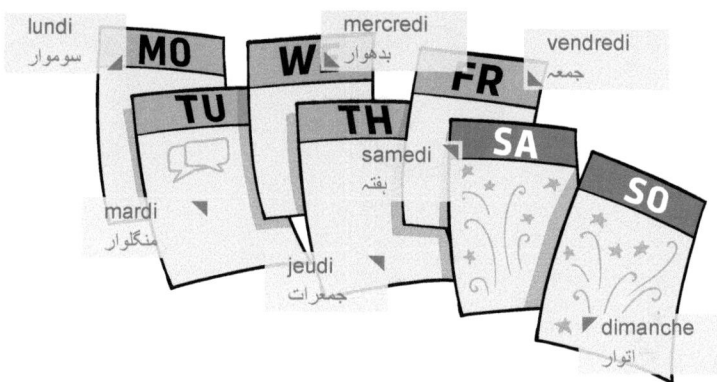

lundi سوموار
mercredi بدهوار
vendredi جمعہ
MO
TU
W
TH
FR
SA
SO
mardi منگلوار
samedi ہفتہ
jeudi جمعرات
dimanche اتوار

hier

گزرا کل

aujourd'hui

آج

demain

کل

le matin

صبح

le midi

دوپہر

le soir

شام

MO	TU	WE	TH	FR	SA	SU
1	2	3	4	5	6	7
8	9	10	11	12	13	14
15	16	17	18	19	20	21
22	23	24	25	26	27	28
29	30	31	1	2	3	4

les jours ouvrables

کاروباری دن

MO	TU	WE	TH	FR	SA	SU
1	2	3	4	5	6	7
8	9	10	11	12	13	14
15	16	17	18	19	20	21
22	23	24	25	26	27	28
29	30	31	1	2	3	4

le week-end

ہفتے کا اختتام

l'année

سال

l'arc-en-ciel
قوس قزح
la pluie
بارش
la neige
برف
le vent
ہوا
le printemps
بہار
l'automne
خزاں
l'été
موسم گرما
l'hiver
موسم سرما

4.APRIL 11°
5.APRIL 4°
6.APRIL 13°
7.APRIL 8°
8.APRIL 10°

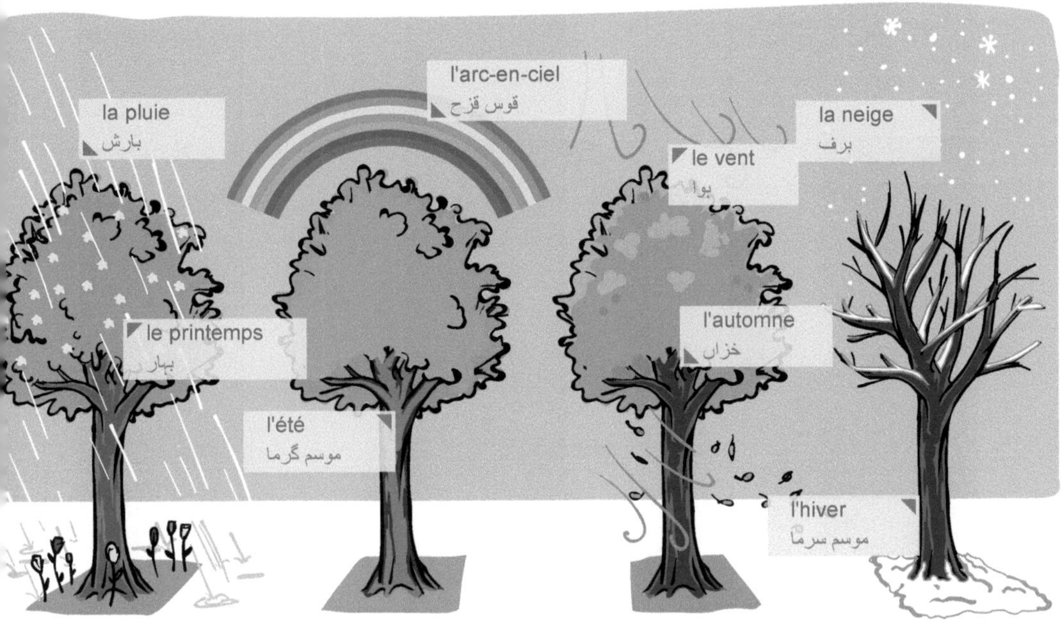

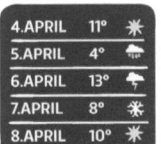

la météo
....
موسمی پیش گوئی

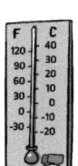

F C
120 90 60 30 0 -30
40 30 20 10 0 -10 -20

le thermomètre
....
تھرما میٹر

la lumière du soleil
....
دھوپ

le nuage
....
بادل

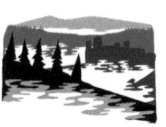

le brouillard
....
دُھند

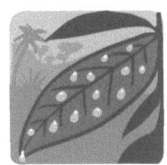

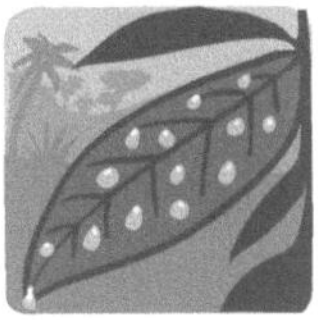

l'humidité
....
حبس

la foudre

بجلی کوندهنا

la tonnerre

بادلوں کی گرج

la tempête

طوفان

la grêle

ژالہ باری

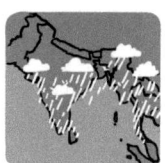

la mousson

مون سون

l'inondation

سیلاب

la glace

برف

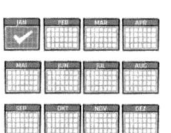

janvier

جنوری

février

فروری

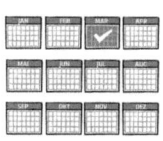

mars

مارچ

avril

اپریل

mai

منی

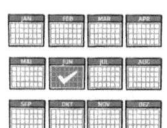

juin

جون

juillet

جولائی

août

اگست

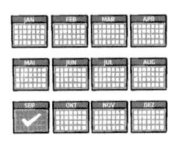

septembre

ستمبر

octobre

اكتوبر

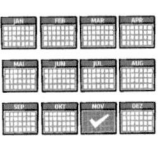

novembre

نومبر

décembre

دسمبر

les formes

اشكال

le cercle

دائره

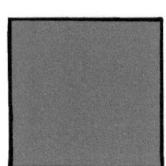

le carré

چوکور

le rectangle

مُستطيل

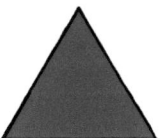

le triangle

تكون

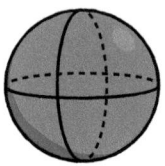

la sphère

گره

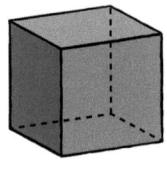

le cube

مكعب

blanc

سفید

jaune

پیلا

orange

نارنجی

rose

گلابی

rouge

سُرخ

violet

جامنی

bleu

نیلا

vert

سبز

marron

بھورا

gris

مٹیالا

noir

سیاہ

beaucoup / peu

بہت زیادہ / بہت کم

fâché / calme

ناراض / پُرسکون

joli / laid

خوبصورت / بدصورت

le début / la fin

آغاز / اختتام

grand / petit

بڑا / چھوٹا

clair / obscure

روشن / اندھیرا

frère / soeur

بھائی / بہن

propre / sale

صاف / گندا

complet / incomplet

مکمل / نامکمل

le jour / la nuit

دن / رات

mort / vivant

زندہ / مُردہ

large / étroit

چوڑا / تنگ

comestible / incomestible

کھانے کے قابل ہونا / کھانے کے قابل نہ
ہونا

méchant / gentil

بُرا / اچھا

excité / ennuyé

پُرجوش / بوریت کا شکار

gros / mince

موٹا / دُبلا

le premier / le dernier

پہلا / آخری

l'ami / l'ennemi

دوست / دُشمن

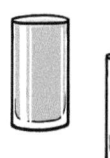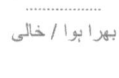

plein / vide

بھرا ہوا / خالی

dur / souple

سخت / نرم

lourd / léger

بوجھل / ہلکا

faim / soif

بھوک / پیاس

malade / sain

بیمار / صحتمند

illégal / légal

غیرقانونی / قانونی

intelligent / stupide

عقلمند / بیوقوف

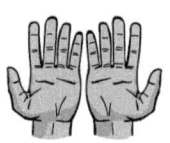

gauche / droite

بائیں / دائیں

proche / loin

نزدیک / دور

nouveau / usé

نیا / پُرانا

rien / quelque chose

کچھ نہیں / کچھ ہے

vieux / jeune

بوڑھا / نوجوان

marche / arrêt

آن / آف

ouvert / fermé

کھلا / بند

faible / fort

خاموش / بُلند آواز

riche / pauvre

امیر / غریب

correct / incorrect

ٹھیک / غلط

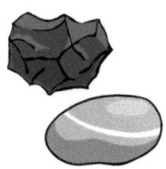

rugueux / lisse

کھُردرا / ہموار

triste / heureux

افسردہ / خوش

court / long

مُختصر / طویل

lent / rapide

آہستہ / تیز

mouillé / sec

گیلا / خُشک

chaud / froid

گرم / ٹھنڈا

la guerre / la paix

جنگ / امن

0

zéro

صفر

1

un / une

ایک

2

deux

دو

3

trois

تین

4

quatre

چار

5

cinq

پانچ

6

six

چھ

7

sept

سات

8

huit

آٹھ

9

neuf

نو

10

dix

دس

11

onze

گیاره

12
douze

باره

13
treize

تیره

14
quatorze

چوده

15
quinze

پندره

16
seize

سوله

17
dix-sept

ستره

18
dix-huit

اتھاره

19
dix-neuf

انیس

20
vingt

بیس

100
cent

سو

1.000
mille

ہزار

1.000.000
le million

دس لاکھ

l'anglais

انگریزی

l'anglais américain

امریکی انگریزی

le chinois mandarin

چینی مینڈارین

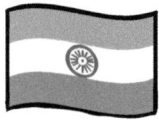

le hindi

ہندی

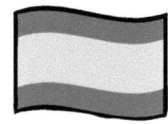

l'espagnol

ہسپانوی

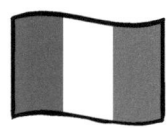

le français

فرانسیسی

l'arabe

عربی

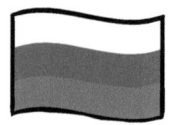

le russe

روسی

le portugais

پُرتگالی

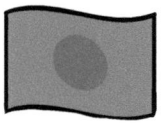

le bengali

بنگالی

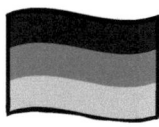

l'allemand

جرمن

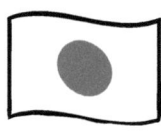

le japonais

جاپانی

je

میں

tu

تم

il / elle / ce, c', cela

وہ (لڑکا) / وہ (لڑکی) / یہ

nous

ہم

vous

تم

ils / elles

وہ

Qui ?

کون؟

Quoi ?

کیا؟

Comment ?

کیسے؟

Où ?

کہاں؟

Quand ?

کب؟

le nom

نام

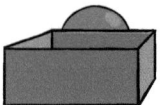

derrière

پیچھے

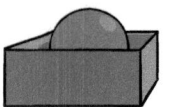

dans

میں

devant

کے سامنے

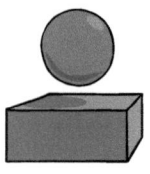

au-dessus

اوپر

sur

پر

en-dessous

نیچے

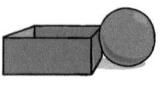

à côté de

ساتھ

entre

درمیان

le lieu

جگہ